BEI GRIN MACHT SICH IHR WISSEN BEZAHLT

- Wir veröffentlichen Ihre Hausarbeit, Bachelor- und Masterarbeit

- Ihr eigenes eBook und Buch - weltweit in allen wichtigen Shops

- Verdienen Sie an jedem Verkauf

Jetzt bei www.GRIN.com hochladen und kostenlos publizieren

Bibliografische Information der Deutschen Nationalbibliothek:

Die Deutsche Bibliothek verzeichnet diese Publikation in der Deutschen Nationalbibliografie; detaillierte bibliografische Daten sind im Internet über http://dnb.d-nb.de/ abrufbar.

Dieses Werk sowie alle darin enthaltenen einzelnen Beiträge und Abbildungen sind urheberrechtlich geschützt. Jede Verwertung, die nicht ausdrücklich vom Urheberrechtsschutz zugelassen ist, bedarf der vorherigen Zustimmung des Verlages. Das gilt insbesondere für Vervielfältigungen, Bearbeitungen, Übersetzungen, Mikroverfilmungen, Auswertungen durch Datenbanken und für die Einspeicherung und Verarbeitung in elektronische Systeme. Alle Rechte, auch die des auszugsweisen Nachdrucks, der fotomechanischen Wiedergabe (einschließlich Mikrokopie) sowie der Auswertung durch Datenbanken oder ähnliche Einrichtungen, vorbehalten.

Impressum:

Copyright © 2013 GRIN Verlag
Druck und Bindung: Books on Demand GmbH, Norderstedt Germany
ISBN: 9783668435506

Dieses Buch bei GRIN:

https://www.grin.com/document/359347

Andreas-Michael Blum

Mehrparteienmediation und Umgang mit Macht

GRIN Verlag

GRIN - Your knowledge has value

Der GRIN Verlag publiziert seit 1998 wissenschaftliche Arbeiten von Studenten, Hochschullehrern und anderen Akademikern als eBook und gedrucktes Buch. Die Verlagswebsite www.grin.com ist die ideale Plattform zur Veröffentlichung von Hausarbeiten, Abschlussarbeiten, wissenschaftlichen Aufsätzen, Dissertationen und Fachbüchern.

Besuchen Sie uns im Internet:

http://www.grin.com/

http://www.facebook.com/grincom

http://www.twitter.com/grin_com

Dr. Andreas-Michael Blum, LL.M.

Mehrparteienmediation und Umgang mit Macht

Einsendearbeit im Rahmen der Weiterbildung zum Mediator

Hochschule Wismar – University of Applied Sciences

Technology, Business and Design

Inhaltsverzeichnis

Welche Besonderheiten sind bei der Mediation von Gruppen bereits im Rahmen der Vorbereitung zu beachten?.. 3

Was kann die Dynamik innerhalb einer Gruppe bestimmen?.. 5

Welche Schwierigkeiten und Herausforderungen können für den Mediator bei der Durchführung von Gruppenmediationen entstehen? Welche Mittel und Methoden fallen Ihnen ein, die dem Mediator dann helfen können?.. 7

Inwieweit kann Macht in der Mediation eine Rolle spielen?.. 11

Wenn im Rahmen einer Mediation zwischen den Parteien bzw. Gruppen ein deutliches Machtungleichgewicht besteht (und der Mediator hiervon schon vor Beginn der Mediation weiß), welche Interventionsmöglichkeiten hat der Mediator, um ein Machtgleichgewicht herzustellen?.. 13

Welche Besonderheiten sind bei der Mediation von Gruppen bereits im Rahmen der Vorbereitung zu beachten?

Der Mediator sollte im Rahmen der Vorbereitung einer Mediation von Gruppen als Besonderheiten die innere Struktur einer Gruppe und die Rahmenbedingungen für eine Gruppenmediation kennen und bei der Durchführung der Mediation von Gruppen beachten. Von einer Gruppe spricht man, wenn mindestens zwei, üblicherweise drei Personen miteinander kommunizieren und agieren[1]. Gruppenkonflikte treten typischerweise als Organisationskonflikte (z.B. Umstrukturierung im Unternehmen, fehlende Unternehmensstrategie, unzureichende Zielvorgaben des Managements) oder als Führungskonflikte (z.B. fehlende Einbindung der Arbeitnehmer in Organisationsprozesse, Konflikte zwischen Vorgesetzten und Mitarbeitern)[2] bei betrieblichen Konflikten auf. Weitere Gruppenkonflikte existieren bei Streitigkeiten unter Erben (z.B. Wirksamkeit des Testaments/Erbvertrags, Verwaltung und Auseinandersetzung der Erbengemeinschaft)[3], unter Gesellschaftern[4] oder in Bausachen[5]. Ihnen ist gemeinsam, dass es sich um Mehrparteienkonflikte handelt, bei denen auf der Beziehungsebene persönliche und/oder wirtschaftliche Interessenkonflikte der Beteiligten im Vordergrund der Auseinandersetzung stehen[6]. Die Kenntnis der inneren Struktur einer Gruppe ist für den Mediator auch deshalb wichtig, weil der Konflikt meist nur als „Ersatzkriegsschauplatz"[7] von außen wahrgenommen wird.

---

[1] *Silke Schneider*, Arbeit mit Gruppen/Macht in der Mediation, Skript Modul IV, Auflage 2/2010, Wismar, S. 5 (unter 1.1).

[2] Zu den Konfliktbereichen bei internen Unternehmenskonflikten: *Reiner Ponschab/Renate Dendorfer*, Konfliktmanagement in Unternehmen, in: *Fritjof Haft/Katharina von Schlieffen*, Handbuch Mediation, 2. Aufl., München 2009, S. 595 (Rz. 17) und 596 ff. (Rz. 20 ff.); *Silke Schneider*, a.a.O. (Fn. 1), S. 18 (unter 1.6.1).

[3] *Silke Schneider*, a.a.O. (Fn. 1), S. 19, 20 (unter 1.6.3); *Hans Friedrichsmeier*, Der Rechtsanwalt als Mediator, in: *Fritjof Haft/Katharina von Schlieffen*, a.a.O. (Fn. 2), S. 850 (Rz. 66-69).

[4] *Silke Schneider*, a.a.O. (Fn. 1), S. 19 (unter 1.6.2); *Reiner Ponschab/Renate Dendorfer*, Konfliktmanagement in Unternehmen, a.a.O. (Fn. 2), S. 594 (Rz. 15).

[5] *Steffen Kraus*, Mediation im Privaten Baurecht, in: *Fritjof Haft/Katharina von Schlieffen*, a.a.O. (Fn. 2), S. 535 ff.

[6] *Silke Schneider*, a.a.O. (Fn. 1), S. 18, 19, 20 und 22; *Hannelore Diez*, Werkstattbuch Mediation, Köln 2005, S. 213.

[7] Wörtlich übernommen von *Silke Schneider*, a.a.O. (Fn. 1), S. 20.

Tatsächlich handelt es sich bei Mehrparteienkonflikten auch um Rollenkonflikte, die einerseits von den einzelnen Persönlichkeiten in einer Gruppe und andererseits von angeborenen und/oder selbst geschaffenen und gesellschaftlich akzeptierten höheren bzw. niedrigeren Rängen (z.B. Alter, Bildung, Erfahrung, Geschlecht, Schönheit, Sexualität) der Gruppenmitglieder im Wege der Rangordnung beeinflusst wird[8].

Entscheidend ist, dass der Konflikt in Gruppen durch ein ungeklärtes Ungleichgewicht von Privilegien und Verantwortung bei einzelnen Gruppenmitgliedern (Rang-Ungleichgewicht) getragen wird, so dass der Mediator dieses Ungleichgewicht in einer Gruppe erforschen und in der Gruppenmediation ansprechen sollte[9]. Erforderlich und hilfreich ist für den Mediator, bereits durch eine sorgfältig vorbereitete Vorlaufphase die Eskalationsstufe des Konflikts und die Rahmenbedingungen für eine Mediation in der Gruppe vorab zu klären[10].

Beispielsweise sind im Vorfeld einer Mediation mit dem Auftraggeber durch den Mediator abzuklären: Wer ist Auftraggeber, welche Entscheidungsbefugnisse hat der Auftraggeber, was ist sein Interesse an der Mediation, was ist Gegenstand bzw. Umfang des Auftrags und wer bezahlt die Mediation? Welche Themen bringt der Auftraggeber ein? Wer hat aus Sicht des Auftraggebers den Konflikt initiiert?

Diese Fragen können dem Mediator im Vorfeld Aufschluss darüber geben, ob eine Mediation sinnvoll, von allen Beteiligten gewollt und freiwillig ist und von welcher Organisationsebene sie gegebenenfalls unterstützt wird[11].

Sind Sozio-, Geno- oder Organigramme vorhanden, aus denen Stellung, Funktion, Position, Aufgabe und/oder Entscheidungskompetenzen einzelner Gruppenmitglieder erkennbar sind? Wer hat für die Gruppe rechtlich oder tatsächlich die Verantwortung übernommen? Gibt es andere Konflikthandhabungsstrategien bzw. Interventionen (z.B. Vier-Augen-Gespräch, Ombudsmann, Ermahnung, Abmahnung, Kündigung), die bereits zur Konfliktlösung eingesetzt worden sind?

---

[8] Vgl. die Rangordnungen nach *Raoul Schindler* und *Arnold Mindell* bei *Silke Schneider*, a.a.O. (Fn. 1), S. 6, 7; *Monika Oboth/Gabriele Seils*, Mediation in Gruppen und Teams, Paderborn 2005, S. 43.

[9] *Silke Schneider*, a.a.O. (Fn. 1), S. 7, 8 (unter 1.2.4); *Monika Oboth/Gabriele Seils*, a.a.O. (Fn. 8), S. 44, 45.

[10] *Silke Schneider*, a.a.O. (Fn. 1), S. 8 (unter 1.2.5) und *Hannelore Diez*, a.a.O. (Fn. 6), S. 214, 96 ff.

[11] *Monika Oboth/Gabriele Seils*, a.a.O. (Fn. 8), S. 41.

Außerdem sollte der Mediator vor Beginn einer Gruppenmediation die internen bzw. externen Rahmenbedingungen für eine Gruppenmediation klären. Beispielsweise sind Fragen über das Budget, den Rahmen, die Laufzeiten und die (abgeschlossenen) Phasen eines Projekts oder auch Zielvereinbarungen zwischen Projektleitung und Projektmitarbeitern bei einer Mediation in Projektteams vorab (per E-Mail) zu beachten. Oder bei einer Mediation in einer Abteilung können Mitarbeiter- bzw. Feedbackgespräche, Teamentwicklung, Zufriedenheitsgrad mit der Leistung der Mitarbeiter im Verhältnis Vorgesetzter und Mitarbeiter Anhaltspunkte sein für vorhandene bzw. ungeklärte Wünsche und Bedürfnisse in der Gruppe[12].

Weiterhin sind vom Mediator im Rahmen einer Hypothesenbildung potentiell vorhandene Bedürfnisse (z.B. Anerkennung für die Teilnahme an der Mediation, Wertschätzung der Verantwortungsübernahme durch den Vorgesetzten), Sorgen (z.B. Prestige-, Image- oder Gesichtsverlust), Ressourcen (z.B. Entscheidungsbefugnisse über Budget/Finanzen, Zugang zu Information) bei den Medianden des höheren Rangs bzw. niedrigeren Rangs (z.B. Zugehörigkeit zur Mehrheit, Praxiserfahrung, Sorge vor Verlust der Sicherheit, Wertschätzung von Ohnmacht, Sonder- und Detailwissen einzelner Mitarbeiter) vor Beginn einer Gruppenmediation (z.B. Klärung mit dem Auftraggeber, Versand eines Vorab-Fragebogens an die Gruppe) abzuklären[13].

Was kann die Dynamik innerhalb einer Gruppe bestimmen?

Eine Gruppe besteht aus den Persönlichkeiten ihrer Mitglieder, die sich mit ihren individuellen Wertvorstellungen, Erfahrungen und Überzeugungen und in ihren durch Ränge und Hierarchien zugewiesenen Rollen unterschiedlich mit den Zielen der Gruppe identifizieren. In der sozialen Beziehung, Interaktion und hierarchischen Rangordnung einer Gruppe bringen einzelne Mitglieder im Kontext von Macht, Verantwortung und Entscheidung unterschiedliche Bedürfnisse mit, die im Konfliktfall zu einem Ungleichgewicht führen[14].

Während die Bedürfnisse einer Gruppe beispielsweise nach Sicherheit, Anerkennung oder Loyalität bleiben und nicht austauschbar sind, sind es die zugewiesenen Positionen und Ränge

---

[12] *Monika Oboth/Gabriele Seils*, a.a.O. (Fn. 8), S. 40, sprechen von „ungelösten Sieger-Verlierer-Verhältnissen" und Bedürfnissen, beispielsweise nach „Anerkennung, Effizienz, Sicherheit, Loyalität".

[13] *Monika Oboth/Gabriele Seils*, a.a.O. (Fn. 8), S. 46 (Abbildung 14).

[14] Konflikte sind nach Monika *Oboth/Gabriele Seils*, a.a.O. (Fn. 8), S. 38, „Symptome, die ein Änderungs- und Entwicklungsbedürfnis […] aufzeigen".

ihrer Mitglieder, die *austauschbar* und *dynamisch* sind und damit Einfluss auf einen Konflikt in der Gruppe haben[15].

Hier setzt die Arbeit des Mediators an, der die Komplexität der in der Gruppe wirkenden Positionen erfassen muss. Offene bzw. versteckte Tabus können die Dynamik innerhalb der Gruppe bestimmen. Bestimmte Tabus, auf die der Mediator bei einer Gruppenmediation achten sollte, sind insbesondere Fragestellungen, Vorschläge und Verhaltensweisen einzelner Gruppenmitglieder mit Blick auf ihre Position, Aufgabe und/oder Rolle in der Gruppe unter Einbeziehung der Entwicklung des eigentlichen Gruppenkonflikts[16]. Hilfreich kann ferner sein, wenn der Mediator diese Tabus anspricht und sie in der Gruppenmediation offenlegt. In der Gruppe existiert häufig eine Leitfigur (z.B. Gruppensprecher/in, Identifikationsfigur, Vertreter/in), die in ihrer *Alpha*-Position[17] von der Gruppe als ranghöchstes Mitglied eingestuft wird, in der Beliebtheitsskala oben steht und deren Wort Einfluss auf die Haltung und das Denken in der Gruppe hat. Diese Personen können die Dynamik einer Gruppe bestimmen, wenn sie - positiv gesprochen - als Initiatoren von Aktivitäten wirken[18].

Personen, die als Ideenträger/in oftmals eine kreative, aber auch ordnende (kontrollierende) oder sachverständige *Beta*-Position[19] innerhalb der Gruppe einnehmen, können ebenfalls die Dynamik einer Gruppe und deren Kräfte bzw. Entwicklung bestimmen. Dies gilt im Besonderen, wenn sie als Initiatoren für einen Denk- bzw. Veränderungsprozess innerhalb der Gruppe sorgen. Nach den Erfahrungen des Verfassers können Menschen in einer *Beta*-Position entscheidend auf die Dynamik innerhalb einer Gruppe einwirken, indem sie die positiven bzw. negativen Auswirkungen eines Denk- bzw. Veränderungsprozesses innerhalb einer Organisation bzw. Gruppe oder eines (Mitarbeiter-)Teams transparent machen.

Weiterhin können Menschen in einer *Gamma*-Position, die als stille und treue Mitläufer in der Gruppe auftreten[20], die Dynamik innerhalb einer Gruppe bestimmen, etwa wenn sie als Unterstützer helfend für den Ausgleich unter den Mitgliedern einer Gruppe sorgen.

---

[15] *Monika Oboth/Gabriele Seils*, a.a.O. (Fn. 8), S. 40 (unter „Auch Systeme haben Bedürfnisse") und S. 43 (4. Absatz).

[16] *Monika Oboth/Gabriele Seils*, a.a.O. (Fn. 8), S. 33.

[17] *Silke Schneider*, a.a.O. (Fn. 1), S. 6 (unter 1.2.2).

[18] *Monika Oboth/Gabriele Seils*, a.a.O. (Fn. 8), S. 34.

[19] *Silke Schneider*, a.a.O. (Fn. 1), S. 6 (unter 1.2.2).

[20] *Silke Schneider*, a.a.O. (Fn. 1), S. 6 (unter 1.2.2).

Schließlich gibt es Menschen, die als „Schweiger", „Sündenbock" oder „Gruppenclown" eine Außenseiterstellung (*Omega*-Position) haben[21] und die Dynamik innerhalb einer Gruppe mitbestimmen. In ihrer Rand- bzw. Eckfunktion sind Außenseiter nicht zuletzt deshalb für den Mediator im Kommunikationsprozess mit einer Gruppe hilfreich, weil sie sich trauen, bislang verborgene bzw. unausgesprochene Tabus zu benennen und für die Gruppe (be-) greifbar zu machen[22].

Die oben angesprochenen Positionen haben Auswirkungen auf das Gefüge bzw. Kräfteverhältnis in einer Gruppe, die sich der Mediator durch die Förderung der lösungsorientierten Kommunikation dadurch nutzbar machen kann, indem er etwa die Meinungen einzelner Gruppenmitglieder verstärkt einbezieht, Diskussionen in unterschiedlicher Gruppenzusammensetzung ermöglicht oder sachverständige Dritte hinzuzieht[23].

Welche Schwierigkeiten und Herausforderungen können für den Mediator bei der Durchführung von Gruppenmediationen entstehen? Welche Mittel und Methoden fallen Ihnen ein, die dem Mediator dann helfen können?

Schwierigkeiten und Risiken bei der Durchführung von Gruppenmediationen können für den Mediator bereits im **Vorfeld der Durchführung einer Gruppenmediation** entstehen, indem er zu viel Zeit für die interne Koordination aufwendet, etwa weil er das Setting nicht sorgfältig auswählt und er bei seiner Hypothesenbildung zu falschen oder unvollständigen Einschätzungen bei den Rängen bzw. Positionen der Mitglieder in einer Gruppe kommt. In der **Phase 1** (Einführung), in der es um die Klärung von Verfahren, Rolle und Aufgabe aller Beteiligten und die Vereinbarung von Informations-, Umgangs- und Gesprächsregeln geht, kann der Mediator auf Vorbehalte in der Gruppenmediation dergestalt stoßen, dass der Konflikt in der Gruppe nicht angesprochen, wichtige Informationen oder die innere Struktur einer Gruppe gegenüber dem Mediator nach außen nicht offengelegt werden.

---

[21] *Silke Schneider*, a.a.O. (Fn. 1), S. 7 (oben).

[22] *Monika Oboth/Gabriele Seils*, a.a.O. (Fn. 8), S. 34 (unter „Außenseiter").

[23] *Silke Schneider*, a.a.O. (Fn. 1), S. 12 (unter 1.3.3).

In der **Phase 2** (Themensammlung) kann der Mediator mit dem Gruppendenken innerhalb einer Gruppe als Ausdruck von „Sympathie und Wunsch nach Zusammenhalt"[24] konfrontiert sein, das zu einer Abschottung gegen gruppenkritische bzw. -sensible Konfliktthemen gegenüber dem Mediator führt, weil das Harmoniebedürfnis der Gruppe nach außen gegenüber einer kritischen Auseinandersetzung mit den zu benennenden Konfliktthemen überwiegt.

In der **Phase 3** (Interessen) einer Gruppenmediation kann der Mediator auf die in der Phase 2 benannten Schwierigkeiten stoßen. Hinzu kommt, dass einzelne Gruppenmitglieder mit der Interessenfindung, Methodenwahl, den vom Mediator gewählten Kommunikationstechniken bzw. Interventionen oder mit der Kritik durch einzelne Gruppenmitglieder schlicht überfordert werden, destruktive Gruppenkonflikte die Förderung einer Kommunikationskultur innerhalb der Gruppe bremsen und demzufolge demotivierend auf die in **Phase 4** zu erarbeitenden Handlungs- und Lösungsoptionen wirken.

Herausforderungen und Chancen bei der Durchführung einer Gruppenmediation bestehen für den Mediator darin, komplexe Aufgaben in der Gruppe durch ein sorgfältig vorbereitetes Setting und die Schaffung eines sicheren Rahmens (durch Informations-, Umgangs-, Kommunikationsregeln, Teilhabe am Verfahren) gelöst zu bekommen und die Interessenfindung bzw. die Suche nach Handlungs- und Lösungsoptionen durch die Motivation und Mitarbeit der Mitglieder einer Gruppe zu steigern.

Hierdurch erfährt der Einzelne in seinen Gefühlen und Bedürfnissen von Gruppe eine größere soziale Akzeptanz, weil jedes Mitglied sich mit seinem Wissen, seinen Kompetenzen und Kommunikationsfähigkeiten sowie mit seiner Bereitschaft und Erfahrung zu einer konsensorientierten Konfliktlösung in der Gruppe einbringen kann. Dies wiederum kann als Ergebnis einer erfolgreichen Gruppenmediation zu einer höheren Zufriedenheit der Mitglieder innerhalb der Gruppe, einer größeren Akzeptanz bei der gemeinsamen Lösungs- und Entscheidungsfindung und damit zu größerer Effektivität für das Funktionieren eines Teams bzw. einer Gruppe führen. Damit der Mediator angemessen und souverän die Schwierigkeiten und Herausforderungen bei der Durchführung einer Gruppenmediation meistert, sind folgende Mittel bzw. Methoden für den Mediator hilfreich:

In der **Vorphase** (Vorbereitung des Settings) und in der **Phase 1** (Einführung) kann er dafür sorgen, dass alle Medianden gut sichtbar sind, gegebenenfalls der/die Wortführer, entfernter

---

[24] *Silke Schneider*, a.a.O. (Fn. 1), S. 11 (unter 1.3.3).

und stillere Personen dagegen näher beim Mediator sitzen. Ferner kann der Mediator durch die Schaffung eines sicheren Rahmens (Rolle und Aufgabe aller Beteiligten, Vereinbarung von Informations-, Umgangs- und Gesprächsregeln) den Beteiligten ermöglichen, dass jeder Raum und Zeit zum Reden findet. Weiterhin sollte er bei den Beteiligten einer Gruppenmediation um ein verstärktes Verständnis und Geduld für das gegenseitige Zuhören werben und darauf achten, dass alle Medianden persönlich und unter Einhaltung einer vorgegebenen Redezeit angemessen zu Wort kommen und keine Person stellvertretend für ein anderes Gruppenmitglied spricht[25]. Schließlich sollte sich der Mediator ein genaues Bild von den Persönlichkeiten einzelner Gruppenmitglieder und der Dynamik innerhalb der Gruppe machen, insbesondere auf das Mienenspiel und die Körpersprache der Beteiligten achten.

In **Phase 2** (Themensammlung) kann der Mediator bei einem komplexen Mediationsfall bzw. wenn mehrere Beteiligte verschiedene Konfliktthemen haben, einen ***schriftlichen Fragebogen***[26] von den einzelnen Gruppenmitgliedern ausfüllen lassen. Danach erfolgt eine persönliche Vorstellungsrunde der Beteiligten und die Antworten der Gruppenmitglieder zu den Punkten 3. und 4. werden an eine Pinnwand geheftet. Bei der Wahl des Mediators, eine ***Sternpositionierung***[27] in der Gruppenmediation anzuwenden, besteht die Chance, wichtige Informationen für die anschließende Bearbeitung der Konfliktthemen zu bekommen, sofern sich die Beteiligten einer Gruppe länger kennen und bereits Vertrauen bei den Gruppenmitgliedern aufgebaut bzw. vorhanden ist.

In **Phase 3** (Interessen) kann der Mediator beispielsweise ***die Einzelarbeit mit anschließendem moderierten Dialog***[28] in der Gruppenmediation einsetzen. Bei dieser Methode erfolgt zunächst eine schriftliche Erarbeitung der konkreten Interessen, Gefühle und Bedürfnisse der Medianden und im Anschluss daran ein vom Mediator geführter Dialog mit den anderen Beteiligten (eigene Mitteilung, Wiederholung durch den anderen und umgekehrt, gegebenenfalls mit Klärung von Verständnisfragen), die zu einer höheren, wechselseitigen

---

[25] *Silke Schneider*, a.a.O. (Fn. 1), S. 8, 9 (unter 1.2.5).

[26] Beim ***schriftlichen Fragebogen*** werden folgende Fragen der TeilnehmerInnen erfasst: 1. Name der Person, 2. Funktion und Aufgabe im Team, 3. Benennung der Themen und 4. die Darlegung der konkreten persönlichen Erwartungshaltung an die Mediation, vgl. *Silke Schneider*, a.a.O. (Fn. 1), S.14 (unter 1.5.2).

[27] Bei einer ***Sternpositionierung*** treten die im Kreis stehenden Gruppenmitglieder nacheinander in die Kreismitte und machen jeweils Aussagen zum Konflikt, während sich die anderen Gruppenmitglieder entsprechend nah oder fern zum Aussagenden positionieren, dazu *Silke Schneider*, a.a.O. (Fn. 1), S.14 (unter 1.5.2).

[28] *Silke Schneider*, a.a.O. (Fn. 1), S.15 (unter 1.5.3).

Akzeptanz der unterschiedlichen Interessen und Bedürfnisse und folglich zu einer schnelleren Erhellung unterschiedlicher Sichtweisen bei den Konfliktbeteiligten führt. Mit dem *Problemdreieck*[29] kann der Mediator bei komplexen Konfliktthemen insbesondere die Mehrschichtigkeit des Konflikts visualisieren, die wiederum zu einer schnelleren Bearbeitung der Interessen, Wünsche und Bedürfnisse in der Gruppe führen kann. Schließlich kann der Mediator bei einer großen Gruppe bei klaren und rein sachbezogenen Konfliktthemen den sog. *Fishbowl*[30] als Methodenkoffer in einer Gruppenmediation einsetzen.

Schließlich kann der Mediator in **Phase 4** (Lösungsoptionen) gerade bei komplexen Streitthemen, in denen verschiedene Schritte, Ansätze und/oder Ideen erforderlich sind, als Methode die *Kartenabfrage* einführen. Bei der Kartenabfrage schreiben die Gruppenteilnehmer individuell Lösungsvorschläge auf Moderationskarten, die für alle gut sichtbar an die Pinnwand gehängt und anschließend im Plenum miteinander diskutiert werden. Diese Methode hat den Vorteil, dass jedes Gruppenmitglied sich mit seinen Ideen und Lösungsvorschlägen einbringen kann und die Visualisierung der Ideen und Lösungsansätze ein konzentriertes, effektives Arbeiten in der Gruppe ermöglicht. Mit der Methode der *Kuchenstücke*[31], bei der jedes Mitglied Stichworte für die Veränderung und Lösung des Konflikts benennt und diese Kuchenstücke zu einer ganzen Torte zusammensetzt, kann jedes Gruppenmitglied zu einer stärkeren individuellen Erarbeitung potentieller Lösungen motiviert werden, die ebenso wie die Arbeit in *Kleingruppen* zu einer sorgfältigen Auseinandersetzung mit den wechselseitigen Interessen und Bedürfnissen im Rahmen der Lösungsfindung führt.

In **Phase 5** (Vereinbarung) kann neben der *Visualisierung* der Lösungsvorschläge der Konfliktparteien für konkret umsetzbare und nachhaltige Vereinbarungen *auf einer Flipchart* oder deren *Protokollierung in einem Notebook* sowie der *Maßnahmenplan*, den jede Partei in schriftlicher Form erhält und unterschreibt, die Verbindlichkeit, Sicherheit und Kontrolle der in der Gruppe getroffenen Vereinbarungen deutlich erhöhen.

---

[29] Beim *Problemdreieck* klärt die Gruppe anhand eines auf der Spitze stehenden Dreiecks an einer Pinnwand gemeinsam die Frage, welche *Säulen*, z.B. im Verhalten, in den Abläufen oder Strukturen, den Konflikt in der Gruppe stützen, vgl. *Silke Schneider*, a.a.O. (Fn. 1), S.15 (unter 1.5.3).

[30] Beim sog. *Fishbowl* bestimmen die Konfliktbeteiligten jeweils einen Vertreter, der in ihrer Anwesenheit in einem Innenkreis für die Gruppe spricht und die Möglichkeit besteht, dass Einzelne auf einem freien Rednerstuhl für sich sprechen können.

[31] *Silke Schneider*, a.a.O. (Fn. 1), S.16 (unter 1.5.4).

Darüber hinaus sollte der Mediator bei unübersichtlichen Gruppenkonstellationen, bei erkennbar starken Machtgefällen und zur eigenen Unterstützung den Einsatz einer weiteren Person als **Co-Mediatorin bzw. Co-Mediator** von Anfang erwägen[32].

Zum einen bekommt und erhält man durch diese Person wertvolles Feedback mit Bezug auf die eingesetzten Strategien und Intervention als Mediator. Zum anderen kann der Einsatz einer Co-Mediatorin bzw. eines Co-Mediators auch für die Aufrechterhaltung der Allparteilichkeit und zur Schaffung eines sicheren Rahmens für die Konfliktparteien unterstützend sein, weil alle am Konflikt Beteiligten die volle Aufmerksamkeit, ungeteilte Wertschätzung und Beachtung im Verfahren finden.

Schließlich ermöglicht die interdisziplinäre Co-Mediation für alle Beteiligten einen neuen bzw. anderen Blick auf die Konfliktthemen und ihre Lösungsansätze, weil diese Person in der Rolle als passive/r Beobachter/in bzw. aktive/r Mitgestalter/in im Mediationsverfahren beispielsweise wertvollen fachlichen, religiösen oder kulturellen Input für die eine oder andere Konfliktsituation geben kann. Dadurch sind Konflikte nicht nur schneller verständlich und durchschaubar für den Mediator, sondern im Ergebnis für den Mediator, der den Informationsfluss und Kommunikationsprozess mit den Konfliktbeteiligten steuert, einfacher zu handhaben.

Inwieweit kann Macht in der Mediation eine Rolle spielen?

Machtausübung und Machtgefälle spielen in der Mediation eine konflikttragende und damit konfliktrelevante Rolle, wenn ein durch **Abhängigkeiten geprägtes sog. asymmetrisches Machtverhältnis** besteht, weil entweder eine Konfliktpartei in der Überzahl ist oder wenn ein Konflikt zwischen zwei Personen besteht[33]. Macht steht für Abhängigkeits-, Überlegenheitsverhältnisse oder Strukturen, bei denen der Staat (als Inhaber des staatlichen Gewaltmonopols), Organisationen (z.B. Verbände, Parteien), Gruppen (z.B. Teams, Abteilungen) oder eine einzelne Person (Machthabender) ihre/seine Ziele entweder ohne Zustimmung (z.B. durch Manipulation), gegen den Willen oder trotz erkennbaren Widerstandes einer anderen Person durchsetzt[34].

---

[32] *Silke Schneider*, a.a.O. (Fn. 1), S.23 (unter 1.7)

[33] *Silke Schneider*, a.a.O. (Fn. 1), S.25 (unter 2.4).

[34] Zur Macht und ihren Auswirkungen auf die Mediation: *Silke Schneider*, a.a.O. (Fn. 1), S. 25 f.

Von einem Machtgefälle bzw. asymmetrischen Machtverhältnis spricht man, wenn eine Konfliktpartei von der anderen Konfliktpartei entweder persönlich abhängig (z.b. zwischen dominantem Ehemann und unsicherer Ehefrau, Verantwortung tragender Schwester und jüngeren Geschwistern) oder wirtschaftlich abhängig ist (z.B. bei Arbeitsverhältnissen zwischen Arbeitgeber/in und Arbeitnehmer/in, bei Berufsausbildungsverhältnissen zwischen Ausbilder/in und Berufsanfänger/in oder etwa bei Mietverhältnissen zwischen Vermieter/in und Mieter/in).

Der aus der Machtausübung resultierende Anspruch des Machthabenden, Veränderungen und Ziele herbeizuführen, kann aus verschiedenen Machtquellen gespeist sein, die entweder von persönlichen Merkmalen (z.B. Ansehen, Charisma, Eloquenz, emotionale Stabilität, Intellekt, politischer Einfluss, wirtschaftliche Leistungsfähigkeit), individuellem Kompetenzvorsprung (z.B. Bildung, Detail-, Fach- bzw. Sonderwissen sowie besonderer Zugang zu Informationen) oder der Schaffung struktureller Über-/ Unterordungsverhältnisse (z.B. in Form von Hörigkeit als persönliche Abhängigkeit bzw. Gehorsam, Handeln auf Befehl, Weisungsgebundenheit bei beruflichen Abhängigkeiten) herrühren.

Übertragen auf einen Gruppenkonflikt liegt ein asymmetrisches Machtverhältnis dann vor, wenn der Machthabende etwa durch die Zuschreibung von persönlicher Einflussnahme bzw. durch sein Eingreifen in bestehende gruppendynamische Prozess- und Kommunikationsstrukturen einer Gruppe die angeborenen und/oder erworbenen (Rang-)Positionen der einzelnen Gruppenmitglieder ohne Rücksicht auf deren individuelle Bedürfnisse aufweicht, in Frage stellt, negiert oder gar bewusst (manipulativ) verändert.

Aus einem solchen Machtungleichgewicht heraus kann es zu „ungelösten Sieger-Verlierer-Verhältnissen" in der Gruppe kommen, die erst dann Entspannung finden, wenn einzelne Gruppenmitglieder von außen durch den Mediator Intervention und Unterstützung im Kommunikationsprozess durch die wechselseitige Anerkennung eigener bzw. fremder Ressourcen und Bedürfnisse erfahren[35]. In der Mediation geschieht dies beispielsweise dadurch, indem sich das Gruppenmitglied A überlegt, was Gruppenmitglied B tun kann, um A in ihren/seinen Bedürfnissen zu unterstützen. B sucht im Gegenzug nach realistischen

---

[35] *Monika Oboth/Gabriele Seils*, a.a.O. (Fn. 8), S. 40 (1. Absatz).

Handlungs- und Lösungsoptionen dafür, dass A Gerechtigkeit, Frieden, Sicherheit, Anerkennung, Loyalität etc. von B erfährt[36].

Wenn im Rahmen einer Mediation zwischen den Parteien bzw. Gruppen ein deutliches Machtungleichgewicht besteht (und der Mediator hiervon schon vor Beginn der Mediation weiß), welche Interventionsmöglichkeiten hat der Mediator, um ein Machtgleichgewicht herzustellen?

Bei einem deutlichen Machtungleichgewicht zwischen den Parteien bzw. in Gruppen stehen dem Mediator zur Herstellung eines Machtgleichgewichts bzw. Machtausgleichs („Power-Balancing") verschiedene Interventionsmöglichkeiten zur Verfügung:

1. Er kann bereits im Rahmen des Settings, insbesondere bei der Gestaltung der Sitzordnung, die kommunikativ bzw. strukturell unterlegene Konfliktpartei näher zum Mediator positionieren, während die kommunikativ/strukturell stärkere Partei etwa weiter weg von ihm sitzt. Bei Vorständen, Aufsichtsräten und anderen Führungskräften kann statt eines aus Sitzgelegenheiten bestehenden Settings durchaus der Einsatz von Steh- bzw. Rednerpulten in den Phasen 1 bis 3 angezeigt sein, um einen Machtausgleich herzustellen.

2. Der Mediator kann die Gespräche in der Gruppe bzw. zwischen der überlegenen bzw. unterlegenen Konfliktpartei derart gestalten, dass beide Seiten hinreichend Raum und Zeit zum wechselseitigen Reden und Zuhören haben.

3. Um der kommunikativ schwächeren Konfliktpartei eine Teilhabe am Verfahren zu ermöglichen, kann der Mediator sie im Kommunikationsprozess, etwa durch das Spiegeln und Doppeln in den Phasen 3 bis 5, aktiv unterstützen.

4. Der Mediator kann eingreifen bzw. kommunikativ intervenieren, wenn eine Konfliktpartei die andere Partei manipulativ oder psychologisch beeinflusst, indem der Mediator zunächst den Eindruck der Manipulation bzw. Beeinflussung offen anspricht und sodann der Konfliktpartei, die die Manipulation bzw. Beeinflussung ausgelöst hat, durch offene Fragen freien Raum zum Antworten bzw. Hinterfragen jener (Manipulation-/Beeinflussungs-)Strategien einräumt.

---

[36] So die „Wippe" als Ausgleich des Sieger-Verlierer-Verhältnisses. Zu finden bei: *Monika Oboth/Gabriele Seils*, a.a.O. (Fn. 8), S. 40 (2. Absatz).

5. Der Mediator als „Herr des Verfahrens" kann durch sein Auftreten („Präsenz"), seine Kommunikations- und Interventionsmöglichkeiten (z.B. Einsatz von Einzelgesprächen) den sicheren Rahmen dafür schaffen, dass die kommunikativ bzw. strukturell überlegene Konfliktpartei das Mediationsverfahren nicht für sich als Plattform für Manipulation bzw. Beeinflussung nutzt oder gar das Mediationsverfahren an sich reißt.

6. Der Mediator kann ein Machtungleichgewicht ferner dadurch beseitigen, indem er das Mediationsverfahren bewusst für Pausen oder Einzelgespräche unterbricht.

7. In Kindschaftssachen und bei Sorge- und Umgangsstreitigkeiten zwischen Eltern, in denen Kinder eingebunden sind, kann der Mediator mit Zustimmung der Konfliktparteien Dritte (z.B. Verfahrensbeistand i.S.d. § 158 FamFG, Amtsvormund, Sozialarbeiter/in des städtischen Jugend- und Sozialdienstes) zur Unterstützung der schwächeren Partei (Kinder) einladen und am Verfahren beteiligen. Beim Täter-Opfer-Ausgleich, bei denen Kinder, Jugendliche oder Heranwachsende Opfer einer Straftat geworden sind, können als Dritte auch die Jugendgerichtshilfe und die Eltern des Opfers beteiligt werden.

Ob ein Machtungleichgewicht beseitigt oder ein Machtausgleich zwischen den Konfliktpartnern gelingt, hängt entscheidend von der Persönlichkeit des Mediators ab. Seine freundlich-bestimmende Ausstrahlung, der Blickkontakt zu den Konfliktbeteiligten und nicht zuletzt sein Engagement, den im Machtungleichgewicht zum Ausdruck kommenden starken Spannungen mit Ruhe, Geduld und Zuversicht zu begegnen, können insgesamt dazu beitragen, dass die hergestellte Powerbalance am Ende zu einer einvernehmlichen Lösungsfindung bei den Konfliktbeteiligten führt.

Schließlich ist für die Herstellung eines Machtausgleichs relevant, welche ethische Grundhaltung, Chancen, Lernstrategien im Umgang mit eigenen Konflikten und welche positiven Entwicklungsmöglichkeiten der Mediator in das jeweilige Mediationsverfahren mit- bzw. einbringt[37].

---

[37] Vgl. die Ausführungen zur Persönlichkeitsentwicklung des Mediators bei *Monika Oboth/Gabriele Seils*, a.a.O. (Fn. 8), S. 31, 32.

BEI GRIN MACHT SICH IHR WISSEN BEZAHLT

- Wir veröffentlichen Ihre Hausarbeit, Bachelor- und Masterarbeit

- Ihr eigenes eBook und Buch - weltweit in allen wichtigen Shops

- Verdienen Sie an jedem Verkauf

Jetzt bei www.GRIN.com hochladen und kostenlos publizieren